westermann

AF511357

Sprache untersuchen

Erarbeitet von

Heike Baligand
Angelika Föhl
Nadine Pistor
Elke Schnepf-Rimsa

in Zusammenarbeit mit der
Westermann-Grundschulredaktion

Für die Ausleihe bearbeitet von

Heike Baligand
Christina von Weyhe

Unter Beratung von

Nadin Haida-Herklotz
Miriam Jacobs
Katharina Jorga
Insa Scheller
Christina von Weyhe
Prof. Dr. Anja Wildemann

Illustriert von

Angela Fischer-Bick und Karoline Kehr

Flex und Flora 3

Deutsch

Inhaltsverzeichnis

Seite

Nomen zusammensetzen 4
Nomen mit n oder s verbinden 5

Nomen in der Mehrzahl bilden 6
Die Mehrzahl bilden 8
Die Mehrzahl erkennen 9 S1

Verben bilden 10

Wortbausteine vor Verben setzen 12
Verben mit Wortbausteinen bilden 13
Verben mit Wortbausteinen trennen 14
Verben mit ver- und vor- gebrauchen 15 S2

Mit Adjektiven beschreiben und vergleichen 16

Wörtliche Rede und Satzzeichen verwenden 18
Begleitsätze ergänzen und zuordnen 19
Redezeichen und Satzzeichen setzen 20
Wörtliche Rede in Texten verwenden 21 S3

Wortfelder erkennen 22
Oberbegriffe und Wortfelder verwenden 23

Seite

Nomen durch Adjektive erkennen 24
Nomen für Gefühle und Zustände erkennen 25
Nomen für Zeiten erkennen 27

Präsens und Präteritum kennenlernen 28
Regelmäßige Verben im Präteritum bilden 29
Unregelmäßige Verben im Präteritum bilden 30
Das Verb sein im Präsens und Präteritum bilden 31 S4

Satzglieder erkennen und benennen: Prädikat und Subjekt 32
Prädikate erkennen und einsetzen 34
Subjekte erkennen und einsetzen 35 S5

Sprache erforschen 36
Redewendungen verstehen 37
Abkürzungen kennenlernen 38
Sprache in Textnachrichten untersuchen 39
Sprachen vergleichen 40

Nomen zusammensetzen

1 Sprich mit einem Partnerkind.
Warum weiß Flora nicht, welches Buch Flex meint?

2 Setze die Nomen zusammen.
Schreibe sie mit Artikel ins Heft.

der Tee
das Obst
der Zirkus

das Zelt
die Tasse
der Teller

Nur der erste Buchstabe wird großgeschrieben: **T**eetasse.

2) der Tee + die Tasse
→ die Teetasse
...

3 Setze die Nomen zusammen
und schreibe sie ins Heft.
Du musst **n** oder **s** zwischen die Wörter setzen.
Markiere **n** oder **s** in der Mitte
der zusammengesetzten Nomen.

3) Birnentorte
...

Birne
Geburtstag
Schokolade
Liebling

n – Torte
s – Torte

Wenn du **Nomen zusammensetzt**, kannst du genauer sagen, was du meinst:

der Tee	+	die Tasse	→	die Teetasse.
Bestimmungswort		**Grundwort**		**zusammengesetztes Nomen**

Der Artikel richtet sich nach dem Grundwort.
Manchmal musst du noch Buchstaben zwischen die Nomen setzen:
Birnentorte, Lieblingstorte.

AH S. 8

Zusammengesetzte Nomen kennenlernen
Zusammengesetzte Nomen bilden

HR

1 Bilde zusammengesetzte Nomen und setze sie in die Sätze ein.
Schreibe den Text ins Heft.
Markiere **n** oder **s** zwischen den Nomen.

> 1) Julians Papa sucht seinen Wohnungsschlüssel.
> …

Julians Papa sucht seinen [Wohnung] [Schlüssel].

Zuerst schaut er auf dem [Küche] [Tisch] nach.

Dort liegt aber nur der Rest vom [Marmelade] [Brot].

Dann sucht er im [Küche] [Schrank].

Dort findet er seine [Brille] [Box].

Hinter den Tassen liegt seine [Liebling] [Schokolade].

Danach sucht Julian in Papas [Jacke] [Tasche].

Da ist er ja! Heute ist Papas [Glück] [Tag].

2 Bilde zusammengesetzte Nomen mit **Frühstück** und **Katze**. Schreibe sie mit bestimmtem Artikel ins Heft.
Markiere **n** oder **s** zwischen den Nomen.

> 2a) das Frühstücksbrett
> b) …

a) 

b) 

3 Suche dir ein Partnerkind.
Sammelt im Heft zusammengesetzte Nomen mit **n** oder **s** in der Mitte.

> 3) Geburtstagskind
> …

Nomen in der Mehrzahl bilden

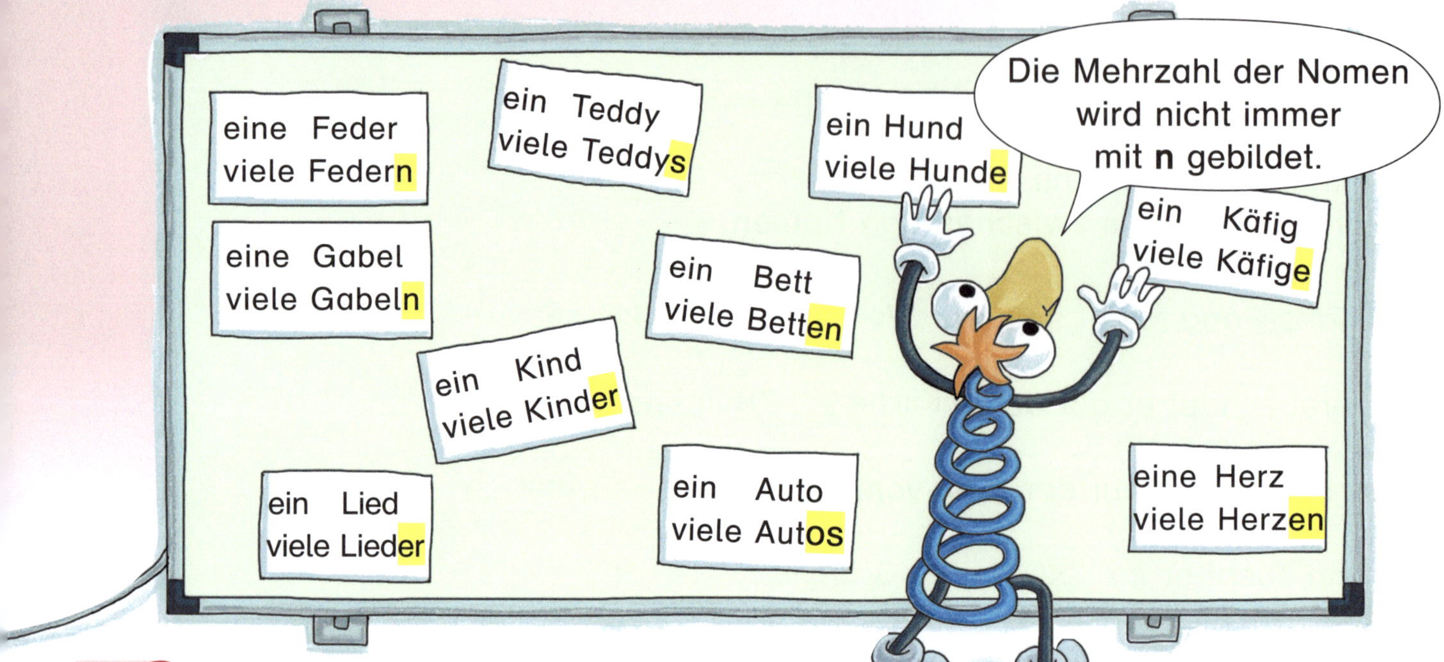

1 Sprich mit einem Partnerkind.
Was meint Flex?

2 Welche Wortbausteine zeigen die Mehrzahl an?
Zeige sie einem Partnerkind.

3 Schreibe die Nomen aus dem Bild ins Heft.
Ordne sie nach den Endungen.

-e | -en | -er | -s | -n

3) Mehrzahl von Nomen mit
-e: viele Hunde, ...
-en:
-er:
-s:
-n:

Die meisten Nomen gibt es in der **Einzahl** und **Mehrzahl**:
ein Tisch, viele Tische.
Die Mehrzahl bildest du mit verschiedenen **Wortbausteinen**:
-e: ein Hund – viele Hunde, **-en**: eine Tür – viele Türen,
-er: ein Kind – viele Kinder, **-s**: ein Auto – viele Autos,
-n: eine Feder – viele Federn.
Einige Nomen verändern sich gar nicht: der Zettel – die Zettel.

Die Einzahl heißt auch Singular. Die Mehrzahl heißt auch Plural.

4 Suche zu jedem Wortbaustein
-e, **-en**, **-er**, **-s**, **-n**
noch zwei Nomen in Einzahl und Mehrzahl.
Schreibe sie ins Heft.

4) -e: ein Tisch - viele Tische
...
-en:

Unterschiedliche Mehrzahlendungen von Nomen kennenlernen
Die Endungen von Nomen als Wortbausteine zeigen
Die Mehrzahl von Nomen bilden

Fö 24
HR

5 Lies die Nomen oben im Bild in Einzahl und Mehrzahl.
Sprich die markierten Buchstaben besonders deutlich.

> Bei manchen Nomen verändern sich in der **Mehrzahl** auch die Selbstlaute **a**, **o**, **u** und **au**.
> **a → ä**: die Bank – die Bänke, **u → ü**: der Busch – die Büsche,
> **o → ö**: der Frosch – die Frösche, **au → äu**: der Baum – die Bäume.
> Du erkennst die Mehrzahl am **Artikel** (die) oder an **Zahlwörtern** (drei, zehn, viele, einige, mehrere, ...).

6 Lies die Nomen und bilde die Mehrzahl im Kopf.

der Mann, der Kopf, der Wald, der Fuß
der Rock, der Zug, der Ball, der Koch, das Buch

7 Schreibe die Wörter von Aufgabe 6 in der Mehrzahl mit bestimmtem Artikel ins Heft.
Markiere die Umlaute in den Wörtern.

7) a – ä	o – ö	u – ü
die Männer		

8 Welche Nomen verändern sich in der Mehrzahl nicht?
Zeige sie einem Partnerkind.

die Wiese, der Löffel, der Teppich, das Messer
der Kuchen, die Lampe, der Computer

Die Mehrzahl bilden

1 Lies die Sätze einem Partnerkind vor.

Das Affenbaby wurde von einem  **Floh** gestochen.

Die Affenmama hat schon einige  ■ gefunden.

Der kleine Affe spielt am liebsten mit einem  ■ .

Er hat schon viele  ■ zerrissen.

Der Affenpapa schläft unter einem großen  ■.

Einige Affenkinder klettern fröhlich in den  ■.

2 Finde zu jedem Bild das Nomen.
Schreibe es in der Mehrzahl ins Heft.

> 2) Mehrzahl mit
> -en: Papageien, ...
> -er: ...

Mehrzahl mit **-en**: Papageien   Ei■■ä■■■

Mehrzahl mit **-er**: ■■s■■■n■■   H■h■■■

Mehrzahl mit **-n**: ■■r■■■■■   ■■w■■

Mehrzahl mit **-s**: Z■b■■■   ■ä■■u■■■

Mehrzahl mit **-e**: ■■l■   ■i■■■■

Mehrzahl ohne Veränderung: ■i■■■   ■g■■

3 Manche Nomen haben eine besondere Mehrzahl.
Schlage die Wörter im Wörterbuch nach.
Schreibe sie in der Einzahl und Mehrzahl ins Heft: das Album – die Alben, ...

das **Album**	das **Museum**	das **Thema**	das **Lexikon**	der **Globus**	der **Atlas**

Semantisch passende Nomen in Sätze einsetzen
Zu Bildern Nomen in der Mehrzahl bilden
Veränderung im Selbstlaut bei der Mehrzahlbildung beachten

KV 22
Fö 26/Fo 13
HR

Die Mehrzahl erkennen

1 Setze passende Nomen in der Mehrzahl ein und schreibe die Sätze ins Heft.

> 1) In unserem Garten
> wachsen viele Blumen.
> ...

In unserem Garten wachsen viele ▬.

Auf meinem Schreibtisch liegen mehrere ▬.

Meine Mama hat vier ▬ in der Küche.

Ich habe heute Morgen drei ▬ gegessen.

Im Regal stehen einige ▬.

2 An welchen Wörtern von Aufgabe 1 erkennst du, dass die Nomen in der Mehrzahl stehen müssen? Markiere im Heft.

3 Lies die Sätze einem Partnerkind vor. Setze ein: **Tisch** oder **Tische**.

In unserer Klasse gibt es viele **Tische**.

An der Tür steht ein kleiner ▬ für die Getränke.

Am Fenster stehen mehrere ▬ für die Computer.

Neben einem ▬ ist noch ein Regal für den Drucker.

Im Gruppenraum gibt es zwei runde ▬.

Jedes Kind in der Klasse sitzt an einem einzelnen ▬.

Der ▬ für unsere Lehrerin steht an der Wand.

4 An welchen Wörtern von Aufgabe 3 erkennst du, dass du die Mehrzahl von **Tisch** schreiben musst? Zeige sie einem Partnerkind.

5 An welchen Wörtern erkennst du noch, dass ein Nomen in der Mehrzahl stehen muss? Sammle sie auf einem Plakat.

Verben bilden

1 Sprich mit einem Partnerkind.
Was bleibt bei den Verben gleich?
Was verändert sich? Wie verändert es sich?

2 Schreibe die Formen der Verben mit
ich, **du**, **er/sie/es**, **wir**, **ihr**, **sie** ins Heft.
Markiere den Wortstamm.
Kreise die Wortbausteine am Ende ein.

malen melden ärgern

2)	malen	melden	ärgern
ich	male		
du	malst		
er/sie/es			
wir			
ihr			
sie			

Verben haben eine **Grundform**: sagen, reden, zaubern
und **Personalformen**: ich sage, er sagt, …, du redest, ihr redet, …
In der Personalform verändern sich die **Wortbausteine** am Ende.
Für die **Verbprobe** nutzt du die Personalform:
sagen ist ein Verb: ich sage, du sagst, wir sagen.

3 Sage einem Partnerkind die Verben mit **ich**, **du**, **er/sie/es**, **wir**, **ihr**, **sie**.

rechnen rennen trinken

Verben in der Grundform und in der Personalform kennenlernen
Den Wortstamm erkennen
Veränderungen in den Personalformen kennenlernen

Fö 16, 28

fallen	essen	sein
ich falle	ich esse	ich bin
du fällst	du isst	du bist
er fällt	er isst	er ist
wir fallen	wir essen	wir sind
ihr fallt	ihr esst	ihr seid
sie fallen	sie essen	sie sind

4 Schreibe die Formen der Verben mit **ich**, **du**, **er / sie / es**, **wir**, **ihr**, **sie** ins Heft.
Markiere den Wortstamm.
Kreise die Wortbausteine am Ende ein.

laufen helfen lesen

4)	laufen	helfen	lesen
ich	laufe		
du	läufst		
er/sie/es			
wir			
ihr			
sie			

5 Welche Verbformen gehören zusammen? Zeige sie einem Partnerkind.

du siehst	ich habe	wir dürfen	ich sehe	du hast
sie sieht	wir haben	du darfst	ihr dürft	wir sehen

In den Personalformen kann sich der **Wortstamm** des Verbs **ändern**:
fallen – du **fällst**, er **fällt**, **essen** – du **isst**, er **isst**.
Die Personalformen des Verbs **sein** musst du dir merken:
ich bin, du bist, er/sie/es ist, wir sind, ihr seid, sie sind.

6 Sage einem Partnerkind die Verben mit **ich**, **du**, **er / sie / es**, **wir**, **ihr**, **sie**.

messen fangen sprechen halten

Wortbausteine vor Verben setzen

1 Sprich mit einem Partnerkind. Was meinen Flex und Flora?

2 Lies einem Partnerkind die Sätze mit dem passenden Verb vor.

Nina muss in Mathe besser	anpassen.	aufpassen.
Nele soll das Licht	anmachen.	vormachen.
Henrik will sein altes Fahrrad	verkaufen.	abkaufen.

3 Schreibe die Sätze ins Heft.
Setze die Verben getrennt und in der passenden Form ein.

> 3) Büsra schreibt das Gedicht
> noch einmal ab.
> …

vorlesen	abkaufen
abschreiben	ausrechnen

Büsra ▬ das Gedicht noch einmal ▬.

Martin ▬ seine Geschichte ▬.

Nick ▬ die Geteiltaufgabe ▬.

Mama ▬ dem Mann den Roller ▬.

Verben ändern ihre Bedeutung, wenn man **Wortbausteine** davorsetzt:
laufen – auslaufen, verlaufen, …
In Sätzen musst du manchmal die Wortbausteine von den Verben trennen:
Die Flasche läuft aus. Die Flasche soll nicht auslaufen.

Wortbausteine vor Verben kennenlernen
Erkennen, dass Verben mit verschiedenen Wortbausteinen beginnen können und dass sich dadurch die Wortbedeutung verändern kann

Fö 33
HR

Verben mit Wortbausteinen bilden

1 Setze die Wortbausteine vor die Verben und bilde neue Verben. Schreibe ins Heft. Markiere die Wortbausteine am Wortanfang.

1) nehmen: abnehmen, …
schreiben: …

ab-	an-	auf-	aus-
be-	mit-	ver-	vor-

\+ nehmen / schreiben

2 Lies die Sätze einem Partnerkind vor.
Setze das Verb **nehmen** mit passenden Wortbausteinen von Aufgabe 1 ein.

Am Sonntag will ich mir nichts **vornehmen**.

Mit der App kann man Filme ▬.

Es ist Vollmond. Ab jetzt wird der Mond ▬.

Darf Silja ihr Handy zur Schule ▬?

Wir sollen ein Paket für unsere Nachbarn ▬.

3 Lies die Sätze einem Partnerkind vor.
Setze das Verb **schreiben** mit passenden Wortbausteinen von Aufgabe 1 ein.

Soll ich dir den Weg zum Zoo **beschreiben**?

Auf einem Schmuckblatt darf ich mich nicht ▬.

Um nichts zu vergessen, muss ich es ▬.

Wir sollen die Hausaufgaben von der Tafel ▬.

Von dir lasse ich mir gar nichts ▬!

4 Setze vor das Verb **fahren** Wortbausteine von Aufgabe 1.
Schreibe die Wörter ins Heft.
Bilde mit diesen Verben fünf Sätze.

4) mitfahren
…

Verben mit Wortbausteinen trennen

1 Diese Verben mit Wortbausteinen werden in Sätzen getrennt.
Setze sie getrennt und in der passenden Form ein.
Lies die Sätze halblaut.

aufstehen	Mein kleiner Bruder **steht** um 7 Uhr **auf**.
anziehen	Mama ___ ihm eine Hose ___.
umkippen	Beim Frühstück ___ er seine Tasse ___.
anmalen	Im Kindergarten ___ er ein Haus ___.
aufessen	Mittags ___ er seine Portion Nudeln ___.

2 Schreibe die Sätze ins Heft.
Bilde Verben mit Wortbausteinen.
Setze sie zusammen und
getrennt in die Sätze ein.

2) In der Schule sollen wir
einen Text abschreiben.
Ich schreibe ...

kaufen	schreiben	bauen	räumen

In der Schule sollen wir einen Text ___.

Ich ___ zuerst die Überschrift ___.

Im Sportunterricht müssen wir zuerst die Geräte ___.

Ich ___ den Schwebebalken ___.

Abends muss ich mein Kinderzimmer ___.

Ich ___ nicht gern ___.

Am Samstag will ich mit meiner Mutter auf dem Markt ___.

Dort ___ wir am liebsten ___.

3 Was musst du in der Schule tun? Schreibe fünf Sätze ins Heft.
Verwende Verben mit Wortbausteinen.
Schreibe die Verben einmal zusammen und einmal getrennt.
Ich muss meine Jacke aufhängen. Jan hängt seine Jacke auch auf.

Verben mit ver- und vor- gebrauchen

1 Bilde mit den Wortbausteinen **ver**- und **vor**- neue Verben. Schreibe sie ins Heft.

laufen	schicken	lassen
lesen	sagen	drehen

1) ver-	vor-
verlaufen	vorlaufen
…	…

2 Suche dir zwei Kinder für eine Gruppe. Sammelt Verben mit den Wortbausteinen **ver**- und **vor**-. Schreibt sie ins Heft.

2) ver-	vor-
verbringen	vorbringen
…	…

3 Setze die Verben mit **ver**- oder **vor**- passend in die Sätze ein. Lies die Sätze halblaut.

laufen

Bei der Wanderung will Malte als Erster an der Hütte sein.
Er **läuft** immer 50 Meter **vor**.
Mara kennt den Weg nicht und ___ sich.

lesen

Papa und ich ___ uns oft Geschichten ___.
Wenn ich viel übe, ___ ich mich beim Vorlesewettbewerb bestimmt nicht.

lassen

An der Kasse ___ Mama die Frau mit dem weinenden Baby ___. So warten die beiden nicht lange und ___ den Laden schnell.

rechnen

Mein Freund ___ mir die Aufgabe ___.
Wenn ich an der Tafel stehe, kann ich mich leicht ___.

4 Es gibt einen Unterschied zwischen den Wortbausteinen **ver**- und **vor**-. Untersuche mit einem Partner die Verben von Aufgabe 3.

Mit Adjektiven beschreiben und vergleichen

1 Sprich mit einem Partnerkind. Beantwortet Floras Frage.

2 Schau dir die Bilder an und ergänze die Sätze. Schreibe ins Heft.

> 2) Der Vogel fliegt schnell.
> Das Flugzeug fliegt noch schneller.
> Die Rakete fliegt am ...

 Der Vogel fliegt schnell.
 Das Flugzeug fliegt (noch) ___.
 Die Rakete fliegt ___.

 Die Gurke ist lang.
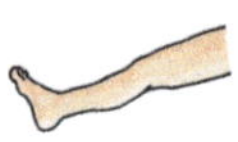 Das Bein ist (noch) ___.
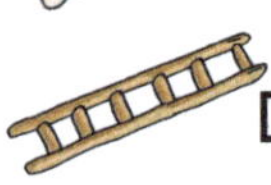 Die Leiter ist ___.

 Der Igel ist klein.
 Die Schnecke ist (noch) ___.
 Die Ameise ist ___.

 Der Tiger ist groß.
 Das Zebra ist (noch) ___.
 Die Giraffe ist ___.

> Mit Adjektiven kannst du beschreiben und vergleichen.
> Adjektive können in der Grundform oder in der gesteigerten Form stehen:
> **Grundform:** klein,
> **1. Vergleichsstufe:** kleiner,
> **2. Vergleichsstufe:** am kleinsten.
> Manche Vergleichsstufen musst du dir merken:
> gut, besser, am besten – viel, mehr, am meisten – hoch, höher, am höchsten.

3 Markiere in Aufgabe 2 die Veränderungen der Adjektive in der 1. und 2. Vergleichsstufe im Heft.

4 Vergleiche die Gegenstände mit den Adjektiven **teuer** und **billig**.
Setze sie in der passenden Form mit **als** oder **wie** ein.
Lies die Sätze einem Partnerkind vor.

 8 €

 3 €

 6 €

 6 €

Das Buch ist **teurer als** der Ball.

Der Teddy ist ___ ___ das Buch.

Das Auto ist genauso ___ ___ das Buch.

Das Buch ist **billiger** ___ der Teddy.

Der Ball ist ___ ___ das Buch.

Wenn du etwas vergleichst und es ist gleich, benutzt du **wie**:
Das Haus ist genauso hoch wie der Baum.
Wenn du etwas vergleichst und es gibt Unterschiede, benutzt du **als**:
Das Haus ist höher als der Baum.

5 Vergleiche die Kinder mit dem Adjektiv **alt**.
Setze die Adjektivform passend mit **als** oder **wie** ein. Schreibe die Sätze ins Heft.

5) Nils ist älter als …
…

Nils ist ___ ___ ___.

Jens ist genauso ___ ___ ___.

Jens ist ___ ___ ___.

Pia ist ___ ___.

Wörtliche Rede und Satzzeichen verwenden

1 Sprich mit einem Partnerkind.
Beantwortet Flex‘ Frage. Was hat euch geholfen?

2 Wer sagt was? Schau dir die Kinder genau an und lies die Sätze halblaut.

Linn ruft : „ Die Ostsee wäre toll ! “

▬ sagt : „ Ich möchte lieber in den Bergen klettern . “

▬ fragt : „ Wie viele Kinder schlafen in einem Zimmer ? “

Der Begleitsatz sagt dir, wer spricht. Er endet mit einem Doppelpunkt :.
Linn ruft: „Die Ostsee wäre toll!“
Was gesprochen wird, heißt wörtliche Rede.
Die wörtliche Rede steht in Redezeichen „“. Das erste Wort schreibst du groß.
Die Satzzeichen . ? ! gehören auch zur wörtlichen Rede.

3 Schreibe die Sätze ins Heft.
Setze Doppelpunkte, Redezeichen und Satzzeichen.
Unterstreiche die Begleitsätze blau und die wörtliche Rede rot.

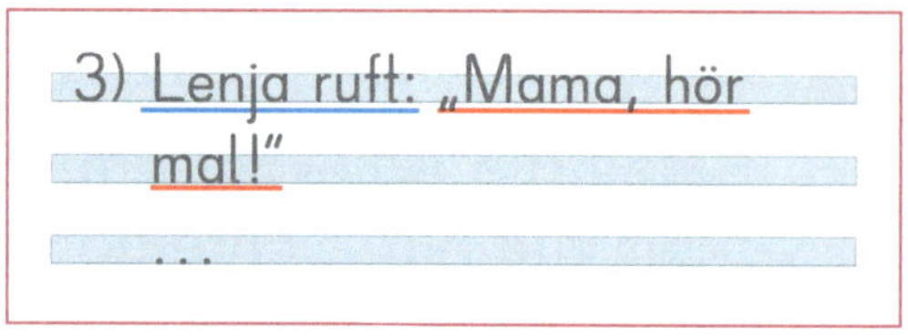

Lenja ruft ■ ■ Mama, hör mal ■ ■

Mama fragt ■ ■ Was gibt es denn ■ ■

Lenja erzählt ■ ■ Wir machen eine Klassenfahrt zum Reiterhof ■ ■

Mama sagt ■ ■ Toll, das freut mich ■ ■

Wörtliche Rede kennenlernen
Sprechende Kinder der wörtlichen Rede zuordnen
Zeichen der wörtlichen Rede setzen

Fö 41, 42
HR

Begleitsätze ergänzen und zuordnen

1 Wer sagt was? Lies die Sätze halblaut und ergänze die Namen.

Lenja meint: „Ich nehme meinen Reiterhelm mit."

___ fragt: „Dürfen wir auch Musik mitnehmen?"

___ meint: „Ich packe meinen grünen Rucksack."

___ ruft: „Ich fahre nicht ohne meinen Teddy weg!"

2 Suche zu den Begleitsätzen die wörtliche Rede und lies die Sätze halblaut.

Der Lehrer erinnert:	„Ich habe doch eine Pferdeallergie!"
Linn klagt:	„Wandern und klettern können alle Kinder."
Emil fragt:	„Alle Kinder brauchen eine Regenjacke."
Farid sagt:	„Wo ist denn der Reiterhof?"

3 Schreibe die Sätze von Aufgabe 1 und 2 ins Heft. Unterstreiche die Begleitsätze blau und die wörtliche Rede rot. Markiere den Doppelpunkt :, die Redezeichen „ " und die Satzzeichen . ? ! .

3) Der Lehrer erinnert:
„Alle Kinder ...

4 Schreibe passende Begleitsätze zur wörtlichen Rede ins Heft. Denke dir Namen aus und suche passende Verben. Setze die Doppelpunkte.

4) Lucas meint: „Ich ...

___ ■ „Ich packe ein Kartenspiel ein."

___ ■ „Hast du Gummistiefel?"

___ ■ „Oje, Gül ist nicht bei uns im Zimmer!"

1 Schreibe die Sätze ins Heft.
Setze die Doppelpunkte :,
Redezeichen „“ und Satzzeichen . ? ! .

1) Mona fragt Papa: „Kann ...

Mona fragt Papa ■ ■ Kann Jan heute zu uns kommen ■ ■

Papa antwortet ■ ■ Ja, nach den Hausaufgaben ■ ■

Mona erwidert ■ ■ Die wollen wir aber zusammen machen ■ ■

Papa meint ■ ■ Super, dann backe ich Muffins ■ ■

Mona sagt ■ ■ Die mag Jan besonders gern ■ ■

2 Schreibe das Gespräch mit Doppelpunkten, Redezeichen und Satzzeichen ins Heft. Verwende die Begleitsätze im Kasten.

2) Anne sagt: „Hallo Daniel,
hier ist Anne.“
Daniel antwortet: ...

Anne sagt	Daniel klagt	Anne meint	Daniel fragt
Anne schlägt vor	Daniel antwortet		Anne fragt

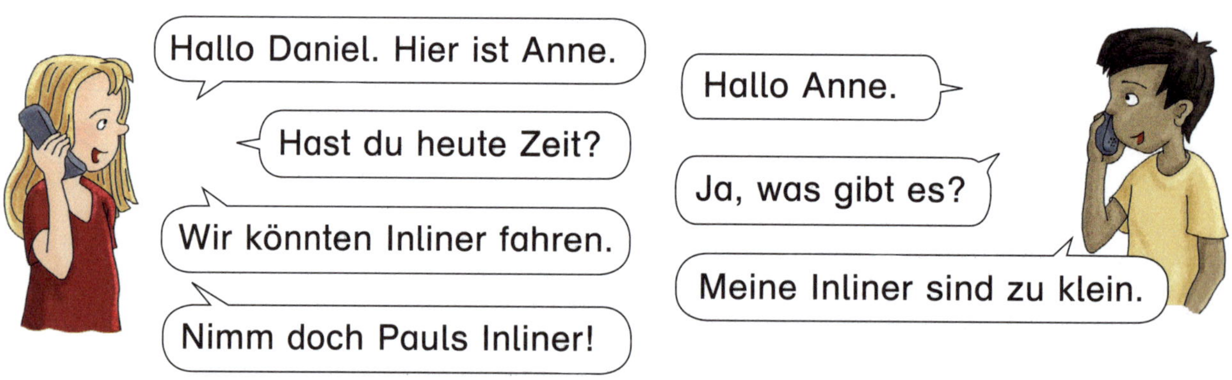

3 Markiere in Aufgabe 2 die Doppelpunkte : , die Redezeichen „“ und die Satzzeichen . ? ! .

4 Was fragt dich deine Oma oder dein Opa manchmal? Schreibe fünf Sätze ins Heft.

4) Oma fragt: „...

Zeichen der wörtlichen Rede und Satzzeichen setzen
Ein Gespräch mit wörtlicher Rede in Textform schreiben
Doppelpunkte, Redezeichen und Satzzeichen in wörtlicher Rede markieren

KV 34, 35
Fö 45, 46

Wörtliche Rede in Texten verwenden

1 Lies den Witz einem Partnerkind vor.
Sag ihm, welche Zeichen der wörtlichen Rede
und welche Satzzeichen du einsetzt.

Fritzchen sagt■ ■Der Apfel schmeckt überhaupt nicht■ ■

Mama fragt■ ■Hast du ihn denn gut abgewaschen■ ■

Fritzchen antwortet■ ■Ja, sogar mit Seife■ ■

2 Lies den Witz einem Partnerkind vor. Sag ihm, welche Zeichen der wörtlichen Rede du einsetzt.

Die wörtliche Rede kann auch aus mehreren Sätzen bestehen.

Mama sagt zu Fritzchen	Man sagt nicht Maul.
	Man sagt Mund.
Kurz darauf ruft Fritzchen	Mama, Mama! Papa und ich
	haben einen Mundwurf gesehen!

3 Bilde zu jeder Sprechblase einen Begleitsatz.
Die Verben im Kasten helfen dir.
Schreibe das Gespräch mit den Zeichen
der wörtlichen Rede ins Heft.

3) Fritzchen ruft: „Papa, ich
muss dir was sagen!“

rufen	antworten	schreien	sagen	meinen	fragen	erzählen

Papa, ich muss dir was sagen!

Papa, es ist aber wichtig!

Na gut.

Jetzt ist es zu spät.
Du hast die Fliege in
der Suppe schon gegessen.

Mit vollem Mund
spricht man nicht.

Das kannst du mir
auch später sagen.

Was wolltest du mir
denn sagen?

4 Unterstreiche im Heft die Begleitsätze **blau** und die wörtliche Rede **rot**.
Markiere den Doppelpunkt :, die Redezeichen „“ und die Satzzeichen .?! .

S3

Wortfelder erkennen

1 Sprich mit einem Partnerkind.
Was könnte Flora noch sagen?

2 Welche Verben haben eine ähnliche Bedeutung wie **gehen**?

2) bummeln
…

bummeln	spielen	schleichen	streiten	kochen	stolpern
sprinten	watscheln	flitzen	lesen	laufen	lachen
wandern	eilen	stapfen	rennen	spazieren	humpeln

3 Setze passende Verben von Aufgabe 2 in der richtigen Personalform in die Sätze ein. Schreibe ins Heft.

3) Der Mann …

Der Mann mit dem Gipsbein ▬ über den Flur.

Die Kinder ▬ heimlich aus ihrem Zimmer.

Die Familie ▬ mit Rucksäcken durch den Wald.

Anna ▬ mit Opa durch die Geschäfte in der Stadt.

Wörter mit einer ähnlichen Bedeutung bilden ein **Wortfeld**.
rennen, schleichen, bummeln, … sind Wörter, die etwas mit **gehen** zu tun haben.
Mit Wörtern aus einem Wortfeld kannst du genauer sagen, was du meinst.

Man kann Wörter auch nach **Oberbegriffen** ordnen.
Zum Beispiel ist **Obst** der Oberbegriff für Apfel, Banane, Kiwi, …

AH S. 14-15

Verben zum Wortfeld *gehen* kennenlernen
Passende Verben aus einem Wortfeld in Sätze einsetzen

KV 27
Fö 47

Oberbegriffe und Wortfelder verwenden

1 Welches Wort passt nicht in die Reihe? Zeige es einem Partnerkind.

a) Hockey Basketball Tischtennis Baustelle Tennis Handball

b) Auto Elefant Giraffe Löwe Nashorn Affe

c) Mütze Schal Nudel Hose Jacke Schuhe

d) grün rot orange blau sauer pink

2 Finde Oberbegriffe für die Wörter von Aufgabe 1.
Sage sie einem Partnerkind.

a) ▬ b) ▬ c) ▬ d) ▬

3 Schreibe Nomen zum Oberbegriff **Kleidung** ins Heft.

3) Kleidung: Hose, Rock, …

4 Welches Adjektiv gehört zu welchem Wortfeld?
Schreibe die Adjektive geordnet ins Heft.

4) schön	groß	klein
herrlich		

herrlich klitzeklein hübsch
haushoch winzig gigantisch
wunderschön riesig schmal

5 Setze passende Adjektive von Aufgabe 4 in die Sätze ein.
Schreibe ins Heft.

5) Von der Plattform …

Von der Plattform haben wir eine ▬ Aussicht.
Der Sonnenuntergang ist ▬.
Die neue Achterbahn ist ja wirklich ▬.

Nomen durch Adjektive erkennen

1 Sprich mit einem Partnerkind. Was macht Flora?

2 Welche Wörter sind Nomen und werden großgeschrieben?

a) Mache die Nomenprobe mit **ein/eine** und **viele**: eine Tasse – viele Tassen.
Sage es einem Partnerkind.

tasse	schön	hart	maus	nett	tulpe	bäcker	emma

b) Mache die Nomenprobe mit Adjektiv: toller Opa – passt, toller mag – passt nicht.
Sage es einem Partnerkind.

Mein (toller) opa ( ) isst ( ) nudeln ( ) mit ( ) soße.

Ein Nomen kannst du auf verschiedene Arten erkennen:
- Nomen sind Wörter für Menschen, Tiere, Pflanzen und Dinge: Kind, Garten.
- Du kannst **ein/eine** oder **viele** vor das Wort setzen: **ein** Kind – **viele** Kinder.
- Du kannst ein Adjektiv vor das Wort setzen. Manchmal musst du es verändern: Das **kleine** Kind spielt im **kleinen** Garten.

Die Nomenprobe mit dem Adjektiv kennenlernen
Die Nomenprobe mit *ein/eine* und *viele* wiederholen
Nomenproben anwenden

Fö 50

das Auto	die Liebe	der Schmerz	die Ferien
der Traum	die Kälte	das Glück	der Hunger
der Freund	die Spinne	die Angst	der Baum

3 Zeige einem Partnerkind auf Floras Tafel die Nomen für Menschen, Tiere, Pflanzen oder Dinge.

4 Mache mit den Nomen die Nomenprobe mit dem Adjektiv **groß**.
Schreibe ins Heft.

4) der große Traum
...

der Traum	der Schmerz	die Ferien
die Liebe	die Kälte	das Glück
der Hunger	die Hitze	die Angst

Nomen können auch Wörter für **Gefühle**, **Zustände** und **Zeiten** sein:
das Glück, der Hunger, die Ferien.

5 Markiere die Anfangsbuchstaben der Nomen von Aufgabe 4.

6 Mache die Nomenprobe mit Adjektiv.
Welche Wörter werden groß geschrieben?
Sage sie einem Partnerkind.

Wir ◯ feiern ◯ am ◯ samstag ◯ ein ◯ fest.

Alle ◯ gäste ◯ kommen ◯ in ◯ den ◯ garten.

Alle ◯ haben ◯ hunger ◯ und ◯ durst.

Nomen für Gefühle und Zustände erkennen

1 Zeige einem Partnerkind die Bilder, die zu den Nomen passen.

die **Traurigkeit**	
der **Gestank**	
der **Winter**	
der **Durst**	

das **Glück**	
die **Idee**	
das **Gewitter**	
die **Wut**	

2 Beweise, dass die Wörter von Aufgabe 1 Nomen sind. Mache die Nomenprobe mit Adjektiv. Schreibe ins Heft.

2) die tiefe Traurigkeit
...

3 Markiere die Anfangsbuchstaben der Nomen von Aufgabe 2.

4 Schreibe Sätze zu drei Nomen ins Heft.
Setze immer ein passendes Adjektiv vor das Nomen.
Ella erzählt einen lustigen Witz.

Witz	Hitze	Hunger	Überraschung	Schreck	Langeweile	Ärger

Die Nomenprobe mit Adjektiv für Abstrakta anwenden
Die Großschreibung von Nomen wiederholen
Sätze mit Abstrakta bilden und dabei passende Adjektive nutzen

Nomen für Zeiten erkennen

1 Ordne die Nomen für Zeiten.
Schreibe ins Heft.

Herbst	Mittag	Frühling
Ferien	November	Abend
Geburtstag	März	Pause
Sommer	August	Nachmittag

1) Jahreszeiten: …
Monate: …
Tageszeiten: …
Besondere Zeiten: …

2 Ergänze noch weitere Nomen für Zeiten in Aufgabe 1.

3 Welche Wörter müssen großgeschrieben werden?
Sage es einem Partnerkind.

ein heißer sommer

der regnerische herbst

der schöne mai

ein kalter wintertag

ein stürmischer tag

der gemütliche nachmittag

die tiefe, dunkle nacht

die aufregenden, langen ferien

eine kurze, spannende pause

der sonnige, warme august

ein langer, schöner hochzeitstag

Manchmal stehen vor einem Nomen auch mehrere Adjektive.

4 Bilde mit Nomen für Zeiten fünf Sätze.
Schreibe ins Heft.

4) …

Präsens und Präteritum kennenlernen

Was ich früher machte
Früher spielte ich mit Bauklötzen.
Ich malte Kringel und Kreise.
Damals schlief ich in einer Wiege.

1 Sprich mit einem Partnerkind. Was meint Flex?

2 Zeige einem Partnerkind die Verben im Bild, die sagen, was Flora **früher** machte. Zeige ihm dann, was Flora **heute** macht.

3 Setze die Verben in die Sätze ein. Schreibe ins Heft.

> 3) Früher trug …

trug trage	Früher ▬ ich oft Latzhosen. Heute ▬ ich gern Jeans.
besuchte besuche	Damals ▬ ich Oma und Opa. Jetzt ▬ ich auch meine Freunde.

4 An welchen Wörtern in Aufgabe 3 erkennst du noch, ob etwas früher passierte oder heute passiert? Kreise ein:
rot, wenn etwas **früher** passierte, und **blau**, wenn etwas **heute** passiert.

Wenn etwas heute passiert, verwendest du die Verben im **Präsens**: Ich male ein Bild.
Wenn etwas früher passierte, verwendest du die Verben im **Präteritum**: Ich malte ein Bild.
Viele Verben sind regelmäßig: ich malte, ich spielte, …
Einige Verben sind unregelmäßig: ich schlief, ich aß, …
Bei ihnen ändert sich der Wortstamm.

Regelmäßige Verben im Präteritum bilden

1 Bilde zu den Verben **fragen** und **hoffen** Präsens und Präteritum. Schreibe ins Heft.

1) | Person | Präsens | Präteritum |
|---|---|---|
| ich | frage | fragte |
| du | fragst | fragtest |

Person	Präsens	Präteritum
ich	frage	___
du	fragst	___
er/sie/es	fragt	___
wir	fragen	___
ihr	fragt	___
sie	fragen	___

Person	Präsens	Präteritum
ich	hoffe	___
du	___	___
er/sie/es	___	___
wir	___	___
ihr	___	___
sie	___	___

2 An welchen Wortbausteinen erkennst du das Präteritum? Markiere die Wortbausteine am Ende der Wörter von Aufgabe 1.

3 Setze die Verben im Präteritum in die Sätze ein.

3) Wir frühstückten ...

- machen
- blättern
- schmieren
- frühstücken
- decken

Wir ___ bei Oma in der Küche.

Elif ___ den Frühstückstisch.

Oma ___ in ihrer Zeitung.

Mama ___ sich ein Brötchen mit Honig.

Dann ___ wir gemeinsam einen Ausflug.

4 Schreibe den Text ins Heft. An welchen Wortbausteinen erkennst du das Präteritum? Markiere.

4) Wir besuchten ...

Wir besuchten einen mittelalterlichen Markt.
Elif verkleidete sich als Ritter.
Ich spielte bei einem Ritterturnier mit.
Mama schlenderte an den Marktständen vorbei.
Oma schenkte Mama eine Tasche aus Leder.

Unregelmäßige Verben im Präteritum bilden

1 Lies die Sätze halblaut.
Betone die Verben im Präsens
und im Präteritum besonders deutlich.

Ich lese Piratengeschichten.
Ich fahre oft mit Inlinern.
Ich esse am liebsten Nudeln.
Ich bin am liebsten am See.
Ich schreibe gern E-Mails.

Ich las Indianergeschichten.
Ich fuhr oft mit dem Fahrrad.
Ich aß am liebsten Kartoffelpuffer.
Ich war am liebsten im Garten.
Ich schrieb gern Postkarten.

2 Welche Verben im Präsens
und im Präteritum gehören zusammen?
Schreibe sie in der **wir**-Form ins Heft.

2) Präsens	Präteritum
wir sind	wir waren
...	

sind	beißen	gaben	fahren
fallen	geben	hatten	wissen
waren	fielen	haben	gehen
bissen	gingen	fuhren	wussten

3 Setze passende Verben im Präteritum in den Text ein.
Schreibe ins Heft: Vor zwei Jahren ...

So war es im Urlaub

Vor zwei Jahren ▬ wir mit der Bahn in den Urlaub.
Wir ▬ zehn Tage an der Ostsee.
Im Meer ▬ viele Quallen.
Jeden Tag ▬ wir ein Eis.
Am Strand ▬ wir unsere Nachbarn.
Das ▬ ein verrückter Zufall.

Das Verb sein im Präsens und im Präteritum bilden

1 Bilde die Personalformen im Präsens und im Präteritum. Schreibe ins Heft.

1) Person	Präsens	Präteritum
ich	Ich bin traurig.	Ich war traurig.
...		

ich war — du warst — er war — ihr wart — sie waren — wir waren

Person	Präsens	Präteritum
ich	___ ___ traurig.	___ ___ ___
du	___ ___ fröhlich.	___ ___ ___
er/sie/es	___ ___ dreckig.	___ ___ ___
wir	___ ___ stark.	___ ___ ___
ihr	___ ___ lustig.	___ ___ ___
sie	___ ___ hungrig.	___ ___ ___

Das Verb **sein** ist unregelmäßig: ich bin, du bist, er ist, wir sind, ihr seid, sie sind.

2 Suche dir ein Partnerkind. Lass dir von ihm einen Satz vorlesen. Sage den Satz dann im Präteritum:
Ich war für eine Woche ...
Lass dir dann den nächsten Satz vorlesen.

Ich bin für eine Woche bei Tante Marion. Wir sind oft im Schwimmbad. Meine Freundin Samira ist auch da. Dort sind noch viele andere Kinder. Sie sind alle sehr nett. An einem Tag bin ich bei Samira zu Besuch. Ihr kleiner Bruder ist auch da.

3 Schreibe passende Sätze im Präteritum ins Heft.

Heute bin ich neun Jahre alt. – Vor drei Jahren ...
Wir sind mit dem Wohnwagen an der Ostsee. – Im letzten Sommer ...
Im Moment ist Grün meine Lieblingsfarbe. – ...

Satzglieder erkennen und benennen: Prädikat und Subjekt

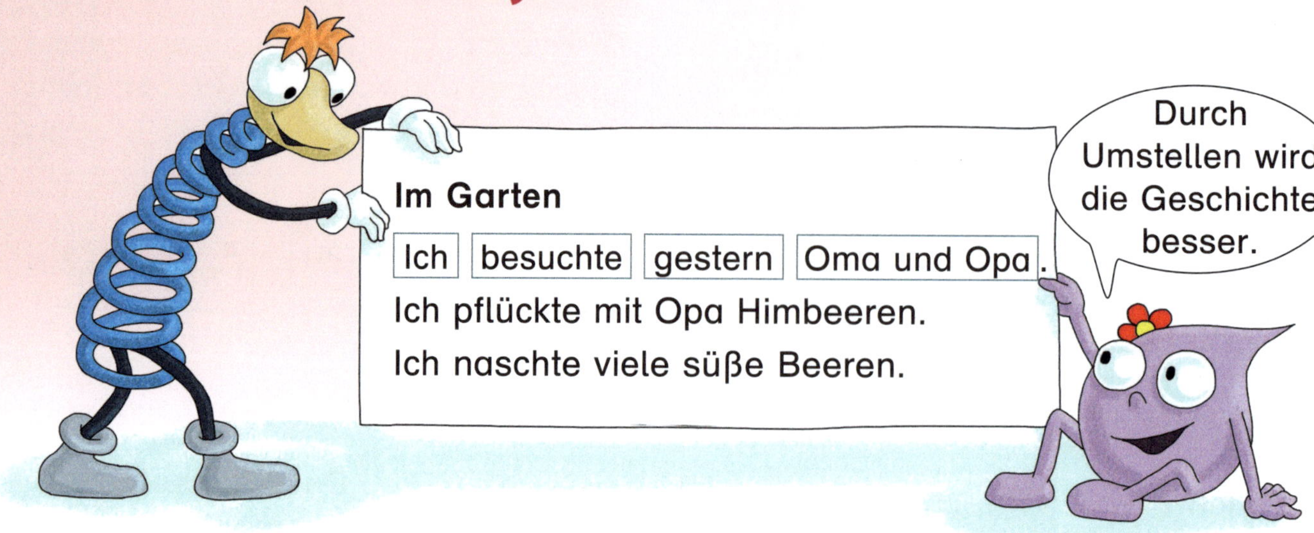

1 Sprich mit einem Partnerkind. Was meint Flora?

2 Wie kannst du den Satz umstellen?
Bilde zwei Sätze und eine Frage.
Schreibe die Sätze ins Heft.

| Ich | besuchte | gestern | Oma und Opa | .

2) Gestern …
Oma und Opa …
Besuchte …

3 Bilde aus jedem Satz zwei andere Sätze.
Bilde auch eine Frage.
Schreibe die Sätze ins Heft.

a) Ich sah im Kirschbaum ein Vogelnest.
a) Sie pflückt auf der Wiese bunte Blumen.

3a) (Im Kirschbaum) sah …

4 Kreise in Aufgabe 3 die Wörter ein,
die beim Umstellen zusammengeblieben sind.

Die Teile eines Satzes, die du umstellen kannst, heißen **Satzglieder**.
Die Wörter eines Satzgliedes bleiben bei der **Umstellprobe** immer zusammen.

| Ich | besuchte | gestern | Oma und Opa | .
| Gestern | besuchte | ich | Oma und Opa | .
| Oma und Opa | besuchte | ich | gestern | .
| Besuchte | ich | gestern | Oma und Opa | ?

Satzglieder kennenlernen
Sätze mit vorgegebenen Satzgliedern umstellen
Satzglieder mithilfe der Umstellprobe erkennen

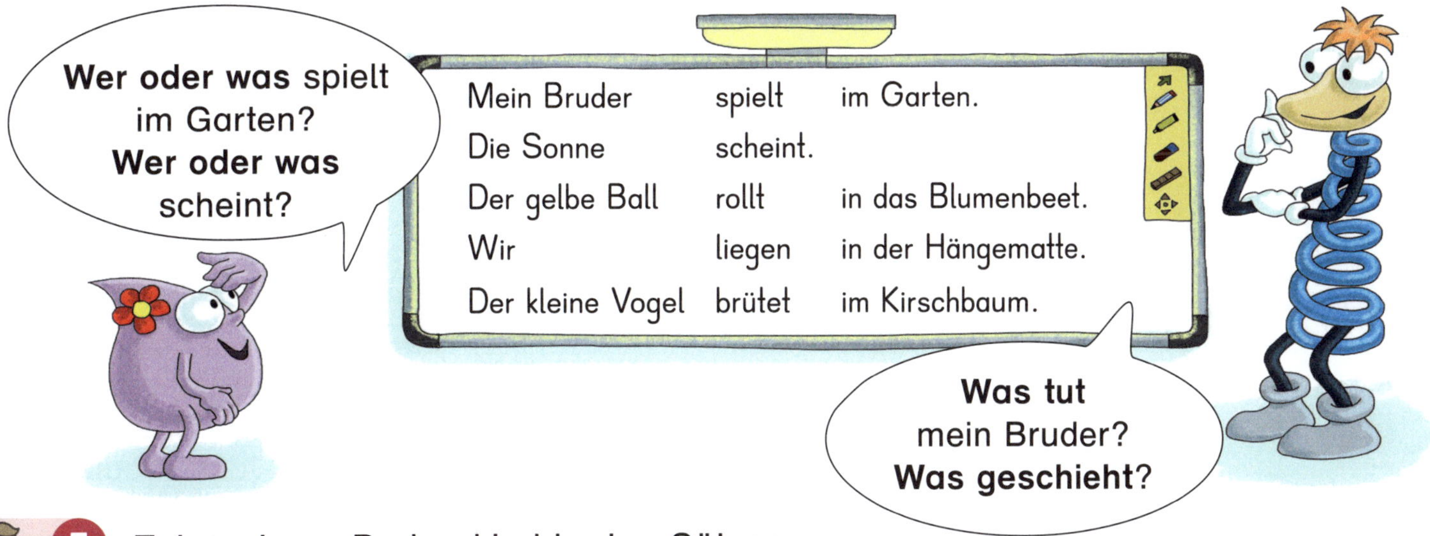

5 Zeige einem Partnerkind in den Sätzen,
wer oder was etwas tut,
was jemand tut oder **was geschieht**.

Sätze bestehen aus Satzgliedern: [Mein Bruder] [spielt] [im Garten].
Nach dem **Prädikat** fragst du: Was tut jemand? Was geschieht?
Was tut mein Bruder? Er spielt – **spielt** ist das Prädikat.
Das Prädikat im Satz ist immer ein Verb.
Nach dem **Subjekt** fragst du: Wer oder was tut etwas?
Wer oder was spielt im Garten? Mein Bruder – **Mein Bruder** ist das Subjekt.

6 Setze die Satzglieder ein und lies die Sätze einem Partnerkind vor.

	Subjekt Wer oder was ...?	**Prädikat** Was tut jemand? Was geschieht?	andere Satzglieder
das Auto	**Der Mann**	klingelt	an der Tür.
der Mann	▬ ▬	füttern	ihre Jungen.
die Vögel	▬ ▬	fährt	um die Kurve.
scheint	Meine Schwester	**liegt**	auf dem Sofa.
liegt	Die Sonne	▬	am Himmel.
hängen	Viele Kirschen	▬	am Baum.

Prädikate erkennen und einsetzen

1 Schreibe die Sätze ins Heft.
Unterstreiche in den Sätzen die Prädikate **rot**.

Die Affen klettern auf den Baum.
Der kleine Löwe schläft.
Die Seelöwen springen durch den Ring.
Die Kinder lachen.

1) Die Affen klettern ...

2 Bilde Sätze. Lies sie einem Partnerkind vor.

Die Kinder	wartet	einige Besucher.
Der Seelöwe	stehen	die Tiere.
Im Eimer	beobachten	auf sein Futter.
Am Beckenrand	sind	viele Fische.

3 Schreibe die Sätze ins Heft.
Unterstreiche in den Sätzen die Prädikate **rot**.

auffangen	Der Seelöwe fängt den Fisch auf.
zuhören	Alle hören dem Zoowärter zu.
aufpassen	Nur zwei Kinder passen nicht auf.
eingreifen	Nach einer Weile greift der Lehrer ein.

3) Der Seelöwe fängt den Fisch auf.
...

4 Setze die Prädikate in der passenden Form ein.
Lies die Sätze einem Partnerkind vor.

Die Klasse **geht** zum Bahnhof **zurück**.
Alle ___ in den Zug ___.
Einige Kinder ___ die letzten Brote ___.
Adrian ___ ein paar Witze ___.
Nach einer halben Stunde ___ der Zug ___.

zurückgehen
aufessen
vorlesen
ankommen
einsteigen

22

Prädikate mit der Frage *Was tut jemand? Was geschieht?* bestimmen
Mehrteilige Prädikate kennenlernen und erkennen
Einfache und mehrteilige Prädikate im Text einsetzen

KV 50
Fö 65

Subjekte erkennen und einsetzen

1 Schreibe die Sätze ins Heft.
Unterstreiche in den Sätzen die Subjekte **blau**.

1) Die Zahnärztin …

Die Zahnärztin untersucht die Zähne.
Der Hausmeister verkauft Milch und Kakao.
Briefe und Päckchen bringt der Postbote.
Schneidet der Gärtner heute die Hecke?
Brot und Brötchen backt der Bäcker.

2 Schreibe die Sätze wie in Aufgabe 1 ins Heft.
Unterstreiche in den Sätzen die Subjekte **blau**.

Die Ärztin verbindet den Fuß.
Die junge Ärztin verbindet den Fuß.
Die junge, blonde Ärztin verbindet den Fuß.
Die junge, blonde Ärztin mit der Brille verbindet den Fuß.

Am See steht ein Haus.
Am See steht ein kleines Haus.
Am See steht ein kleines, grünes Haus.
Am See steht ein kleines, grünes Haus mit einem hohen Zaun.

3 Setze die Subjekte ein und schreibe die Sätze ins Heft.
Denke an die Großschreibung am Satzanfang.

3) Der Lehrer schreibt …

alle Kinder	die Kreide	der Lehrer	die Pausenglocke

___ schreibt einen Satz an die Tafel.

Dabei fällt ihm ___ aus der Hand.

___ sollen heute Sterne ausschneiden.

Am Ende der Stunde klingelt ___.

4 Schreibe Sätze mit immer längeren Subjekten wie in Aufgabe 2 ins Heft.
Unterstreiche die Subjekte **blau**.

Sprache erforschen

1 Sprich mit einem Partnerkind. Beantwortet Floras Frage.
Welche Wörter mit mehreren Bedeutungen kennt ihr noch?

2 Zu jedem Wort passen zwei Bilder. Finde sie.

Schild	Schloss
Schlange	Boxer

3 Lies die Sätze. Was meint jemand, der diese Sätze sagt?
Zeige es einem Partnerkind.

a) Ich war sehr überrascht.
b) Ich bin mit dem Flugzeug abgestürzt.

a) Du sollst den Ball nicht hoch werfen.
b) Übertreibe nicht so.

4 Welche Bilder passen zu den französischen Wörtern?
Zeige sie einem Partnerkind.

der Champignon
das Baguette
die Mayonnaise

die Pommes frites
die Serviette
das Dessert

AH S. 22

Sich Verständigungsprobleme bewusst machen
Wörter mit mehreren Bedeutungen und Redewendungen kennenlernen
Sich französischsprachiger Wörter in der deutschen Sprache bewusst werden

Redewendungen verstehen

1 Finde die richtige Erklärung zu den Redewendungen.
Zeige sie einem Partnerkind.

Du hast aber Schwein gehabt.

a) Du hattest ein Schwein als Haustier.
b) Du hast ein Schweineschnitzel gegessen.
c) Du hast großes Glück gehabt.

Das interessiert kein Schwein.

a) Schweine interessieren sich dafür nicht.
b) Das interessiert niemanden.
c) Das ist nicht für Tiere geeignet.

2 Suche zu den Redewendungen die passenden Erklärungen
und zeige sie einem Partnerkind.

Du schleichst wie die Katze um den heißen Brei.

Das ist nur einen Katzensprung entfernt.

Wenn die Katze aus dem Haus ist, tanzen die Mäuse auf dem Tisch.

Kauf nicht die Katze im Sack.

Du hast nur eine Katzenwäsche gemacht.

Wenn keine Aufsicht da ist, tut man unerlaubte Dinge.

Du tust oder sagst nicht das, was du eigentlich möchtest.

Das ist nicht weit entfernt.

Du hast dich nicht gründlich gewaschen.

Kaufe nichts, was du vor dem Kauf nicht gesehen hast.

3 Sprich mit einem Partnerkind.
Was bedeuten die Redewendungen?

Er kann keiner Fliege etwas zuleide tun.

Hunde, die bellen, beißen nicht.

Ich habe mich pudelwohl gefühlt.

Du benimmst dich wie ein Elefant im Porzellanladen.

1 Schreibe die Abkürzungen mit ihren Bedeutungen ins Heft.

1) z. B. – zum Beispiel
…

z. B.	usw.
z. T.	vgl.
d. h.	bzw.
evtl.	ca.
i. Allg.	Nr.

circa	beziehungsweise
und so weiter	eventuell
im Allgemeinen	zum Teil
Nummer	vergleiche
das heißt	zum Beispiel

2 Welche Buchstaben werden für die Abkürzungen in Aufgabe 1 verwendet? Markiere.

3 Lies den Text.
Achte besonders auf die Abkürzungen.

Pyramiden

Pyramiden wurden vor ca. 4500 Jahren gebaut und sind z. T. noch richtig gut erhalten. Die Cheops-Pyramide war genau 146,6 m hoch, d. h. ungefähr so hoch wie ein Wolkenkratzer mit ca. 50 Stockwerken. Erbaut wurde sie vom ägyptischen König Cheops bzw. von seinen Arbeitern. Bevor der Bau begann, mussten viele Dinge bedacht werden. Es musste z. B. ein geeigneter Bauplatz gefunden werden, ein großer Steinbruch musste in der Nähe sein usw.

4 Lies den Text von Aufgabe 3 einem Partnerkind vor.
Ersetze beim Lesen die Abkürzungen durch die Wörter.

5 Suche in Sachbüchern, Internettexten, Zeitungen usw. nach Abkürzungen.
Schreibe sie ins Heft.
Schreibe auch ihre Bedeutung dazu.

Sprache in Textnachrichten untersuchen

1 Welches Zeichen passt zu welchem Emoji?
Zeige es einem Partnerkind.

:-)  ;-) 

:-( :-0 

8-)  :-P 

2 Lies die Textnachrichten.
Zeige einem Partnerkind die sechs Abkürzungen im Text.

Hallo Felix! Wg? War das Training gut bei dem Regen? LOL

KA! Ich war nicht da.

Bist du aus Zucker?
MfG Esra

Sehr witzig!
LG und bb! Felix

3 Welche Abkürzungen aus den Textnachrichten von Aufgabe 2 passen zu den Bedeutungen? Sage es einem Partnerkind.

Laughing out loud (laut lachen)	Keine Ahnung	Liebe Grüße
Mit freundlichen Grüßen	Bis bald!	Wie geht's?

4 Welche Emojis von Aufgabe 1 würdest du für die Textnachrichten in Aufgabe 2 verwenden?
Zeige sie einem Partnerkind.

5 Welche Abkürzungen benutzt du in Textnachrichten oder E-Mails?
Schreibe sie mit ihrer Bedeutung ins Heft.

Sprachen vergleichen

1 Suche dir für die Aufgaben 2–4 ein Partnerkind.

2 Lest die Liedstrophe auf Deutsch.
Versucht dann, die Strophe in den anderen Sprachen zu lesen.

Deutsch
Bruder Jakob, Bruder Jakob!
Schläfst du noch? Schläfst du noch?
Hörst du nicht die Glocken,
hörst du nicht die Glocken?
Ding, dang, dong. Ding, dang, dong.

Englisch
Are you sleeping? Are you sleeping?
Brother John, brother John!
Morning bells are ringing,
morning bells are ringing.
Ding, ding, dong. Ding, ding, dong.

Französisch
Frère Jacques, frère Jacques!
Dormez-vous? Dormez-vous?
Sonnez les matines,
sonnez les matines.
Din, din, don. Din, din, don.

Italienisch
Fra Martino, campanaro!
Dormi tu? Dormi tu?
Suona le campane,
suona le campane.
Din, don, dan. Din, don, dan.

3 Schreibt die Wörter für Bruder, Glocken und schläfst in den anderen Sprachen ins Heft.
Sprecht über Gemeinsamkeiten und Unterschiede.

3) Sprache			
Deutsch	Bruder	Glocken	schläfst
Englisch			
Französisch			
Italienisch			

4 Versucht, die Strophe auf Türkisch zu lesen.
Lest dann die Übersetzung.
Was ist anders als im deutschen Text?
Was ist gleich? Sprecht darüber.

Türkisch
Tembel çocuk, tembel çocuk!
Haydi kalk! Haydi kalk!
Artık sabah oldu,
artık sabah oldu.
Gün doğdu. Gün doğdu.

Übersetzung der türkischen Strophe
Faules Kind, faules Kind!
Los, steh auf! Los, steh auf!
Jetzt ist es Morgen,
jetzt ist es Morgen.
Der Tag fängt an. Der Tag fängt an.

29

Eine Liedstrophe in unterschiedlichen Sprachen lesen
Ähnlichkeiten und Unterschiede von Wörtern in verschiedenen Sprachen erkennen

KV 57
Fo 27